숲은 레시피가 다르다

김 성 룡 시집

시와사람

김성룡 시집
숲은 레시피가 다르다

2023년 6월 10일 인쇄
2023년 6월 15일 발행

지은이 | 김 성 룡
펴낸이 | 강 경 호
인쇄·기획 | 도서출판 시와사람
등 록 | 1994년 6월 10일 제 05- 01- 0155호
주 소 | 광주시 동구 양림로119번길 21- 1(학동)
전 화 | (062)224- 5319
팩 스 | (062)225- 5319
E- mail | jcapoet@hanmail.net

ISBN 978-89-5665-672-4 03810

값 12,000원

· 지은이와의 협의로 인지를 붙이지 않습니다.
· 이 책은 2023년도 광주문화재단 지역문화예술육성 지원사업의 지원으로 발간되었습니다.

공급처 ■ 한국출판협동조합
경기도 파주시 탄현면 오금로 30
주문전화 (02)716- 5616, 070- 7119- 1740

숲은 레시피가 다르다

■ 시인의 말

수레를 끄는 노인
바닥을 향해
혼신의 힘으로 기도드릴 때마다
고물이 비척비척 길을 내딛는다
서너 걸음 그늘에 비켜서서
무엇을 표현할 수 있을까
수레의 고통은 아랑곳하지 않고
고심하고 있는
나의 시여, 시인을 닮지 마라.

김성룡

숲은 레시피가 다르다/ 차례

2 겸연쩍은 봄

3 직립의 나라

4 초아흐레 소식

1

가을 우화

가을 우화

시월 들녘이 물드는 영상을 넘어
소파가 고개를 숙이는 거실로
우화의 강을 건너온 들신선나비,
물이랑을 헤친 몇 번의 탈바꿈이
날갯짓에 혈점을 새겼을 것이다
몸을 바꾼다는 것은
비상하기 위하여 때를 움츠린 것
이윽고 더듬이 턱 밑 숨을 고르고
낯선 풍경을 찾아 검색하러 나선다
나른한 오후를 밝히며
벽 등을 켜고 있는 앱 스토어에 깃을 친다
꿀을 보채는 듯
접었다 폈다 접다 편 자리
많은 말을 여백으로 뒷짐지고 있는
안개 걷힌 몽유도원도
향내가 수묵처럼 웅숭깊다

11월의 반가사유

삼인산 은행나무 오솔길에
노랑 일색의 해름참이
주위를 환하게 겸손해 한다
황색 가사를 두른 바위에
허공이 심연의 눈길로 가부좌하고
눈부처님, 금빛 장삼 여미며 선정에 드신다
방하착의 바람이 쓸고 간 성근 숲길
청동빛 백팔 나한은
근육질의 기둥 곧추세우며
하늘 전각을 받들어 새길 닦는다
품을 비워가며 여백은 깊어가는
늦가을 풍경 안으로
고양이 한 마리 주뼛거리며 들어와
가만, 어디쯤 우리 맞닥뜨린 적 있었던가
산 그림자 낮은 곳으로 깃들이고
구절초 한 송이 눈가에 가는 미소 지그시
자세를 고쳐 앉으며
반가사유하는 길머리

45도의 경고

손목터널증후군이라고 했다
손목에도 터널이 있어 물길처럼
원활해야 한다는 걸 처음 알았다
누구는 나이테에 옹이 박힌 거야 했지만
탈이 난 오른손 몫까지
챙기느라 무리했구나, 짐작했다

호미질하고, 그림 그리고
마우스의 살랑대는 꼬리 쫓느라
홈쇼핑에 웹서핑, 입술 부르튼 채팅마저
손목이 핑핑 팅팅할 지경이다

지도에 없는 물줄기가
시와 독자 사이에 길을 내듯이
사람 사는 일이란 손목과
손목으로 도랑 져야 한다는 것을 몰랐을까

저리다 못해 화끈거리면
지친 잠이 상대 잠을 부르곤 하였다
붕대를 동여매고 사족처럼 한풀 덧 감으며

당신, 발을 구르며 용을 써도
손목은 45도 이상 구부러지지 않아

그대 안의 11월
- 11월은 가지치기하며 온다

저문 단풍과 첫 서리의 어디 쯤
트렌치코트 깃을 세우는 어느 거리에서
동동 걸음으로 마주치는 그대,

추위로 가는 길모퉁이에
하냥 은빛 머리 억새로 서서
손 흔들어 배웅할 수 있을까

한 해의 은혜를 갈무리하는 이즈음
잎잎을 오방색으로 단장하고
낮은 곳으로 낮은 곳으로
내려앉는 연습을
조곤조곤 할 수 있을까

11월, 그대 있음으로
날로 야위어 가는
산 그림자에게 드러난
내 안의 웃자란 헛가지들을
하나씩 하나씩
가지치기 하는 것 아니겠는가

가을 채석강

붓을 들어
덧칠하지 말 것

스스로 가득한 여백에

하나 둘 내려놓는
이 무렵은

거침없이 뛰어들어
한 몸이 될 것

꿈꾸는 백 년

한 무리 배꽃이 수틀을 넘는다
앞서거니 뒤서거니
말아 올린 손길마다 송이 꽃 흐드러진다
색색의 자수가 학익진을 펼치는가 싶더니
바지런히 경계를 허물어뜨린다
가늘게 몸을 통과할 때마다
한 땀씩 혈을 배어나오는 신음
바람은 차츰 꽃그늘 짙게 드리운다
그 아래 땀을 들인 한 사내
먼지 걸친 배낭 벗지 못하고 추스른다
부리지 못한 달팽이집
평생 지고 다니는 시름이 입맛 다신다
갈 길은 까마득한데
허리 들쑤시고 발목은 시큰거린다고
꽃잎에 새긴 백 년이 점점이 어룽진다

노란 줄을 따라 걷다

저녁 먹고 비 갠 극락강 산책길을
마사이처럼 걷다
키높이 구두를 신은 억새 따라나서며
엇둘엇둘 발을 맞추다
소풍 가는 물줄기 어깨동무하고 재재바르다
길가 물웅덩이에 나들이 나온
하늘과 구름사이 초저녁별,
순간 청과 백의 벼랑 위에서 벅찬 가슴 쓸어내리다
가을을 맞은 전원교향악이
소낙비마냥 어우러지는 둔치에
저무는 갯버들이 신이나 머리를 풀어헤치다
한여름 들끓은 소리가 결실의 화음으로
내딛는 구월의 첫날
콧노래가 직립보행하는 길에
노란 줄이 동동거리며 앞장서서 걷다
서역, 가는 길이 이와 같다면

기수에게

바람벽에 박차를 가하며
어둑한 골짜기 구름의 다리 건너
비탈져 경쾌한 능선을 달려보게
어깨를 들썩이는 풍경이
갈기를 휘날리며 함께 내달릴 걸세
길 위에 우뚝한 말은 남말을 탓할 겨를이 없지
불끈거리는 근육의 탄력이
달려갈 목표만으로 벅차올라
달려갈 목표만으로도 전율이 흐르지
말들의 화려한 잔칫상 앞에서
날개를 펼친 준마는
청사등롱 밝혀들고 제 혈맥 두드리던
은하의 낭랑한 골목을 기억하지
치열 어긋난 말이 판을 치는 마당에
발굽소리 치열하게
잠자리에 눕지 못하는 나의 말은
페가수스를 꿈꾸지

기울어지는 것

느티나무 한 그루 아슬하다
곰적골로 가는 비탈길 모서리에
직립을 잃고 기우뚱 한데
부릅뜬 안간힘이 가까스로 버티고 있다
기울어지는 것은 바로 서기를 포기하는 일
몸이 흔들릴 때마다 세찬 물결 소리 출렁인다
태풍은 언제쯤 찾아올까
활개는 어느 쪽으로 쳐야 할까
흔들리는 각도에게 더 이상 휘둘릴 수 없다
중력을 거스르는 몸부림은
바로 곁 너럭바위에게 무릎을 내주었다
그가 무너지는 중심을
억겁의 힘으로 으스러지게 끌어안고 있다
세간의 입질은 아랑곳없이
태풍의 발길질과 맞서려는 균형의 추
벼랑 끝에서 사선과 지평이
저들 손이 기울어진 지축 받들고 있다

소주 뼈

그대 잔을 받아든 순간
내 손이 잠깐 흔들렸던가
한 해의 마침표를 찍는 송년회 자리
술잔에 붉은 뼈가 출렁인다
지나간 옹이진 발자국 일어나
겅중겅중 술렁인다
함부로 경적 울리며 대중없이 나선 길,
끼어들기 꼬리 물기
신호 위반하며 달려왔다
눈가에 밟히는 이슬 한 모금
도리질하고 털어 넣는다
가뭇없는 길,
안개를 헤치며
비상등을 켜고 나아갈 것이다
세밑이 불콰하게 긴 그림자 드리운다

땅 위의 별

하늘만 헤아렸다

발아래 구절초를 두고

포트폴리오

나의 언덕에 풍경이 깃들었네

먼 바다 물결 소리
동해 별들의 이야기
밤새워 도란도란거리는

기지개 켜는 나무

새벽 네 시가 반절을 지난 시각
사위는 고즈넉하다
문 앞에 털썩 조간지가 정적을 깨트리고
등 푸른 까치 소리 먼동을 일깨운다
淸明을 앞두고
성큼 일어서는 가문비나무,
바야흐로 무등산 등성이 넘어
눈부신 햇무리 펼쳐지리라
또 하루가 활짝 기지개를 켜리라
쓰고 지우고 다시 쓰며
간밤에 나의 나무는 훌쩍 자랐더니
머지않아 너름새로 뻗어 나가
늘 싱싱한 그늘 드리우리라
오늘 그대에게 건네는 글은
현재 진행형의 글,
내일 아침이 기다려지는 까닭이다

달빛 세례

얼굴 가득 빛의 세례다
두 세평 나의 사방이 융단에 부시다
남서쪽 베란다 창을 지나
침실 창으로 대각선을 그으며
삼십팔만 킬로미터를 달려온 달빛의 은혜
밤마다 올려다보는 그늘진 눈빛을
모르쇠 비껴갈 수 있겠는가
지난밤 마구 헤집어 놓은 태풍에도
안녕하신 칠월 보름 달님이
건조대에 덩실하게 올라
은싸라기 감동을 오롯이 펼치고 있다
바람에게 뭉클한 곁자리 내주고
아닌 밤중에 터트린 로또 당첨 같은 확률,
탄성은 도둑같이 찾아오리니
잠자리의 매무시 허투루 하지 말 것
나를 깨운 건 월궁항아의 손길이었다

타워크레인의 꿈

까치발을 한다
날마다 치솟는 지상을
도도하게 굽어보며
어디 올라서 보라
아파트와 물가, 청년실업률을
앞장서서 긴 팔을 휘두른다
까마득하게 우러르는 신도들을 끌어 올려
인도하는 교주
그에게도 고통은 있다
구름의 속내는 들여다보면서
민들레의 미소를 헤아릴 길이 없다
좌절한 나머지 무릎을 꺾기도 하지만
때로는 다리 풀린 철새들의
조타수를 꿈꾸며
오늘도 허공을 거머쥐고 상종가를 친다

도와리장場

더러는 살다가
미치고 환장할 일 있거든
해바라기 밭으로 가자

그곳에서 한쪽을 향하여
상사相思의 모가지 길게 빼고
한 몸으로 돌아서서 다부지게
시위하는 이들을 만나거든

어깨를 나란히 하고
가슴을 활짝 찢어라
깨진 징 소리 잦아들 때까지
뜯겨진 자명고 울부짖을 때까지

하니 쪽에 붉은 바람 일어나
아우성이던 노을 어슴푸레 번지거든
저 탓이야, 시치미 뚝 흘려보내라

넋 놓고 바닥을 칠 때
한달음에 달려가 도와리* 하는

자지러들 꽃밭이 있다는 건,
가슴 아리게
살아 볼 만한 일 아니겠느냐

*도와리 : 토사곽란

보조개 사과, 달다

너 위해 햇발 주렴 둘러친 갈바람
그늘을 휘파람새 낭랑하게 노래 불렀지
달빛 머금은 이슬로 씻고
뙤약볕으로 그을린 탱탱한 얼굴을
찰나의 비명이 새긴
붉은 생채기
차마 내던져 버릴 수 없는 아픔이
핏발 선 눈을 치켜뜨고
쓰라린 단맛 다독이며 영글었다
간밤에 쓰르라미 쓰담쓰담
길 잃고 헤매던 상처를 쓰다듬는다
볼우물 우물거릴 때마다
아삭하는 소리를 귀 기울여 새길 일이다
금쪽같은 흠집일수록
꿀맛이 깊게 스며든다는 것을

스몸비의 거리

엄지족이 꼼지락거리며 활보한다
마사이 걸음이 떠나간 무표정한 거리를
반사 신경이 움찔거린다
놀란 신호등이 화등잔 끔벅이고
고개 돌리던 버스 구시렁대며 경적을 울린다
그 앒을 머리에 안테나를 세운
스몸비*들이 까치발하고 몰려든다
은하 보랏빛 너머를 끝없이 덤벙거린다
호수를 들여다본 나르키소스같이
네모상자에 넋을 빼앗기고
연인과 친구 사이
투명인간이 비집고 들어선 거리,
손안의 휘황한 전자파에 사로잡혀
미소 띤 풍경을 잃어버린 이 길머리에
무슨 돋을새김을 할까
다음 세대를 기념할 조각가는

*스몸비(smombie) : 스마트폰과 좀비의 합성어
스마트폰을 보며 걷는 사람을 좀비에 빗댄 표현

엽구리의 교훈

- 대상포진 후

어느 무협지에서 만난 것 같은
낯선 진법이 포진을 거둔 자리에
진검 승부가 아직 남아 있는 것일까
오늘도 어김없이 전의가 꿈틀거린다
생맥주 일천 시시를 단숨에 벌컥거리고 난 뒤
목덜미가 시큰거리는 통증이
온몸을 움츠러들게 만든다
생채기를 안고 새살이 돋아난 자리에
똬리를 튼 전류가 찌릿찌릿
별고 없으시냐고
아침저녁으로 문안 여쭌다
생체리듬의 빈틈을 노리는 시선이 따갑다
그렇다, 두 번째 시즌을 벼르고 있다
눈앞 전리품의 미소에 휘둘리지 말 것

외고집이 돌연하게

정수리에 목마른 터를 잡아
애솔 한 그루 별들을 기다렸다
뜬 눈으로 파도소리 상사의 탑을 짓고
모롱이마다 돋을새김 간절하였다
뒤따라야 할 먼저 간 음각 발자국 뚜렷하다
하시라도 흔들림 없는 그대 찾아
리아시스 해안 길 돌고 돌아 터덕거린 것일까
신발 끈 고쳐 매며 헤매었다
오롯하게 깎아 세운 바위기둥 앞에
두 손 마주 잡은 서귀포에서
비로소 땀내 찌들은 배낭을 벗는다
어디선가 붉은 부리 갈매기
주저앉은 날개 손짓하여 부르는데
호꼼이라도 고치만 있구정 호연*
환청 속을 두드리던 바다가
우두커니 다가서는 벼랑 끝 외돌개*

*조금이라도 같이 있고 싶어서 : 제주도 방언
*서귀포 바다의 20미터 바위기둥 명승 제79호.

노점露店

햇살도 다리쉼하고
바람도 고개 내미는
비치 파라솔 밑

가슴팍에 붙은 이름
만 원, 만 오천 원
볼 빛 발그레 농익은 사과들이
엉덩이를 맞대고 손님을 기다린다

휘황한 네온 아래 사과 빛 립스틱 바른
허리 간드러지던 바비인형
볼 한 번 꽉 쥐어보고
한 입에 깨물어 먹고 싶던 여인

오월의 신록도
목소리 낮추고 한 몫 에워싼
은밀한 노점露店

어떤 자화상

바로 그때였어
정상을 향해 가쁜 숨을 몰아쉬던
나의 눈에 그가 번뜩 들어왔어
반사적으로 셔터를 눌렀지
글쎄, 잘 모르겠어
바람결에 스치듯이 오르는 산행에
어떻게 내 시야에 꽂혔는지
분명한 것은 시리도록 푸른 하늘이었어
내가 향하던 다른 길목, 어느 바위 위에
아스라이 서 있었던 그는
한 편의 실루엣이었어
아니 무언가 동작을 취하고 있었어
맞아, 사진을 찍고 있었던 게지
카메라만 봐도 두근거리는
이건 숨길 수 없는 나의 울렁증이야
저물녘 이내 어린 들길이나
새벽 불빛 자욱한 물가,
산그늘이 고개 숙인 어디쯤엔가
길을 찾아 서성이는 그가
나의 또 다른 모습이라는 것을

일그러진 초상

한눈에도 잘못 빚은 도기이다
이마에 가려진 그늘이 짙다
익숙한 도공이 보았다면
대번에 망치를 날렸을 것이다

어미는 먼저 알고 젖가슴을 여몄다
해와 달, 별이 곁을 스쳐 가고
연탄가스도 달려오는 트럭도 비껴갔다

어디를 가든 번듯함을 못 참아
비아냥과 코웃음의 재주만을 믿고
천형天刑을 전가의 보도인 양 휘두른다

함부로 비껴든 창가에 바람은 일어
아닌 밤중에 홍두깨가 다 있느냐
난데없이 풍월주를 하겠다 안달이다

한눈팔다 살아남은 도기 하나가
부안 앞바다 비췻빛과 견줄 수 있다면
장인의 묘수, 우러를 수 있기를

일으키다

한 사내의 골똘한 시선이
허공을 좇아 망부석이 되었다
땀에 절은 발가락 꼼지락거리며
다가서는 간절한 눈망울을
에둘러 비껴가는 바람,
허기진 삶의 제지레에 짓눌려
한쪽 어깨가 우묵하게 보이는 것은
어긋난 시선 탓만은 아니다
you raise me up
to more than I can be*
마른 침을 삼키며
무르익은 선율이
가파르게 변곡점을 향하여 치닫는다
순간 한줄기 섬광처럼
내리치는 죽비, 소리가
엄두 잃고 주저앉은 어깨를
번뜩 일으켜 세운다

*시크릿 가든의 곡

2

겸연쩍은 봄

겸연쩍은 봄

봄볕이 손 내밀기 시작하는 고갯마루
삼월의 비탈진 기슭을 헤칩니다
신갈나무 그늘 산밭의 행간을 뒤적이며
한 바구니 풋 내음을 찾습니다
손가락 사이 봄바람 잡으려는 듯
해쓱한 해쑥 향기 움켜쥐려 안달입니다
산 꿩이 연둣빛 수런거리는
성긴 수풀 끌끌 차며 날아오릅니다
제철 맞은 둘레길 발돋움 한창인데
묵정밭의 미숙한 문장 탓하며
뿌리 실하지 못하고 쑥쑥
웃자라버린 나의 시절詩節이여

겨드랑에 피는 봄

삼월, 하고 입가에 올리면
벙긋하게 피어오르는 풍경
두릅나무 흔드는 연둣빛 바람이
벽진천에 일렁이면 아지랑이 번지는
함지박이 하나둘씩 모여든다
탁탁탁 방맹이 소리
깔깔깔 빨래 헹구는 소리
쫘쫙 싱그러운 봄볕을 끼얹는다
삼월이 버들개지 따라 기지개를 켜면
수런수런 번지는
상큼한 돌미나리 내음
달크무레한 젖 내음
배부른 아기 염소 발랄하게 언덕을 내달린다
모가지를 길게 빼던 물총새가
화들짝 날아오른다
겨드랑에서 날개가 꼼지락거린다

까만 여춘화
– 대상포진

길 뜸한 옆구리를 찾은
꽃씨 볼 붉히더니
이슬 머금은 여춘화* 흐드러졌다
눈물로 씻기지 않은
슬픔 하나가 무리 지어 피어나
가시로 찌르며 부릅뜨고 아우성이다
속울음 깨물어 삼키다 지치면
점점이 검은 화인 띠를 두르고
숨 쉬는 것마저 등걸불마냥 타오를 줄이야
밑동에서 우듬지까지 헤집고 가는 이여
어느 여름 산골물소리 꼬박
휘모리장단으로
굽이치던 그 날 밤같이
누가 또 잠 못 들어 웅크리고
까맣게 몸부림치는 것인지

*麗春花, 양귀비꽃

백악기 사랑법

막 세수하고 나온 듯
우윳빛 얼굴
너와 나 첫 만남의 자리
도드라진 곳이
더하지도 덜하지도 않게 노크할 것
이윽고 그댈 향해 부서지는 손짓 내밀거든
마디마디 섬세하게 감싸 안을 것
여린 속살 드러낼 때까지
어미 닭이 알을 품듯 끈기 있을 것
무엇보다 제 가시로
제가 찔리는 어리석음을 경계할 것
까맣게 백악기 시절까지 거슬러 오르는
오직 한 사랑만을 바라기 한 생생한 전설
새해 첫날의 뭉클한 만남
은행 알까기

무화의 계절

1.
목에 돌이킬 수 없는 주름을 새긴 사이
성장을 거부한 아이 돌멩이를 차며 놀고 있다
몸집만 덥수룩하게 수염처럼 자랐지만
성이 차지 않으면
아무 때나 보채고 심술부린다

2.
대문에 무지개 꿈을 피워낼 덩굴장미,
하수도 공사 뒤 아스팔트가 밑동을 덮쳤다
늦은 봄까지 외출을 반복하다 돌아와
정신 차리고 줄기 몇 개 솟구쳐 올렸다
마중 나가 가지치기 하며
너를 아프게 하는 것은 남다르기 때문이야
잎줄기를 쓸어 주었는데 우거진 가지
때가 이울도록 미소 짓지 못했다

3.
흰머리 듬성듬성한 어른 애가
얘, 너의 고향은 소행성 B612*야

그의 기억을 되살리기 위해
오늘도 물뿌리개 흔들며 속삭인다

*어린 왕자의 별

발아

냉장고 유리그릇에 실뿌리 돋았다
냉기를 비집으며
손잡고 싶은 것은 무엇일까
밖은 미세먼지 찬란하게 봄날은 아직
마스크를 쓴 채 부옇기만 한데
어제 저녁에는 첫째를
오늘 아침은 둘째를 내어주고
풍만한 허리는 반 토막 났다
내일 점심엔 셋째를 내어준다면
양파, 한 겹 한 겹씩 벗어줄수록
간절하게 새하얀 발화
너와 나 단절된 사이 헤집으며
얼마큼 내어 주어야
내린 뿌리 굳건할 수 있겠느냐

봄꽃 택배

요즘 같은 비대면 계절에
봄이 찾아온 착한 선물입니다
낯가림한 일상 거리두기 안녕하시고
손목 터널은 아침저녁으로
양방향 소통이 상쾌하신지요
어깨는 회전근이 활달하여
사통팔달 물류에 지장은 없으신지요
봄 안부에 시상이 온통 환합니다
매운 겨울을 견디고
분류하여 배달된 수고로움이
가지마다 수런수런 수액으로 돌아
활발하다고 예서제서 몸을
벙글어 터트린 꽃소식, 야단법석입니다
오늘 아침 현관문 두근거리는 소리
봄이 성큼한 길목에
꽃등을 내어 걸고
다가서는 복음福音이여

봄의 팡파르

겨우내 바람 단속 문단속을
Cesco같이 살피던 그녀였습니다
겹겹으로 여미고 감싸던 그녀가
덜컥 대문을 열어젖힙니다
긴 회색빛 동면에서 기지개 켜며
수줍게 부신 팔을 흔듭니다
돌돌 개울물 흐르는 보일러 소리에 반한 걸까요
새록새록 훈풍을 일으키는 군고구마
내음에 혹한 걸까요
다용도실 어두운 그물망을 비집고
양파 각시
속적삼에 새긴 봄 향한 그리움을
연둣빛 새싹으로 들어냅니다
참을 수 없는 여린 몸짓으로
은밀하게 눈부신 팡파르 터트립니다

응시

쇠백로 한 마리 당돌하다
밤비에 불어난 여울물을 가르며
미끄러지는 물살을 노려보고 있다
그린 듯 캔버스를 황금분할로 비켜서서
벌써 삼 일째 아직 입맛을 다시지 못했다
거슬러 오르던 기름진 몸놀림의
은날치는 대체 어디로 간 것일까
멀대같은 다리,
부리가 무담시* 애꿎게 다가서는 날
햇살이 혀를 차며 물살을 뛰어오른다
기척에 놀라 허공을 차고 떠난 빈자리를
그의 눈길이 부리나케 쫓고 있다

바람의 손길이 둔치를 쓰다듬다 지나는
풍영정천의 어느 갠 날 오후

* 괜스레, 까닭 없이, 전라도 방언

지음知音

수련 이파리에 물방울 맺혔다
횡단보도처럼 수 없는 발자국이
머물다가 지나갔을 자리
오늘은 어떤 스침이 멈추어 선 것일까
물음이 봄바람처럼 일어서는데
곁에서 지켜보던 백리향이
연보라 어깨선 흔들며 웃음 짓는다
연출 해 보면 될 거 아냐
그래, 민낯의 이파리에 물을 끼얹는다
조심스레 다른 얼굴에도 뿌린다
신이나 미끄럼을 타는 물줄기
물방울은 알고 있다
제 머물 곳이 어디인지
제 목소리 알아주는 이 누구인지를

휘둥그레 날아가는 민들레 씨앗

지룡*

용이 그만 지렁이로 돌아오다니

달아오르는 몸이 벅찼던지
비 지나간 자리 티끌 쓰고 허우적거린다
그도 마지막을 두려워한다는 것을
산책길 들어서며 넌지시 지켜보게 되었는데
낯선 풍경 마른 길 뒤척이다가
구멍을 내어 땅심을 돋우던
젖은 살림의 미더움 들키고 말았다
마디마다 파고들어 버둥거린 흔적이
뚜렷하여 배웅 나온 나무들은
밑동에 옹이 박힌 주름 새겼을 것이다
진자리와 마른자리, 가깝고 험한 경계를
암수 한 몸이 막 벗어나고 있다
바람결과
새의 날갯짓과 거닐고 싶어

*지렁이, 토룡

전염傳染의 계절

빛깔이 일렁이는 그늘 아래
그가 한 그루 가로수 되어 서 있네
금빛 휘장을 펼친 정류장으로 미끄러지는 소리
어깨 위로 은행잎 서넛이
한 아름 가을을 싣고 버스에 오르네
내달리는 차창 넘어
가속기를 밟을 때마다 거친 숨소리
벅차오르는 시절을 길나들이에 울컥거리네
돌아드는 마을과 거리는
백악기의 기억으로 물 들어가고
차이가 클수록 풍경은 몸살을 앓고 있네
여름내 광光 바라기 하던 초록이
그들만의 가장 환하고 쓸쓸한 빛깔로
물 들어가는
지금은 한창 가을이네

흰긴수염고래

검푸른 비로드의 길
해류 삼만리, 그곳까지 까마득하다
오늘이 찾아올 줄 짐작하였다는 듯
몸에 익은 배냇짓이 고개를 내밀어
길목마다 물기둥의 이정표를 세운다
고향이 시큰거리며 꽁무니 따라왔을 것이다
뒤돌아볼 겨를이 없다
바람과 너울을 노둣돌 삼아
그대를 찾아가는 길
손을 들어 반기는 빙산 마중에 겨워
환호의 축포를 쏘아 올린다
소리가 몸을 앞서 박차를 가하며 달린다
고래, 고래 부르는 세레나데
윗물과 아랫물의 정원이 열리고
종의 기원이
우아하고 우람한 이중창을 한다
하늘과 바다가 한 몸을 이룬다

파스카의 봄

버들강아지 미소 짓는 광주천에
해오라기 한 마리 깃을 여민다
거슬러 올라가면
여울지어 흐르는 물줄기의
차마 못한 이야기 늪을 이룬다
저 혼자 물그림자 깊게 드리우고
눈시울 붉히지만은 않았다
누군가 여윈 가슴 헤집고
쏟아낸 넋두리가 급물살 짓는다
너덜겅이 검은 신음을
용틀임하며 우렁우렁 토해낸다
물푸레나무 맥없이 퍼렇게 자지러지겠는가
물총새 무담시 모가지를 빼겠는가
봄비 그치고
는개 번지고
파스카*의 물굽이 출렁인다

* 파스카pascha : 영어 passover, 거르고 지나간다는 뜻의 라틴어, 성찰과 정화를 통하여 그리스도의 부활에 이르는 여정을 뜻한다.

수호천사

철길도 까무룩 잠들고
무미가 무색무취에게 침잠하고 싶은 밤
사위는 쥐죽은 듯 하였다
원적외선이 구들장 품으로 파고들다
소리 없는 침입자*에게 덜미를 내주었다
일말의 두려움도 모르는 절명 속
이보다 황홀한 마약이 또 있을까
한 마름도 성마르게 포기하지 말 것
먹이를 노리는 거미줄처럼 조여들어
신음이 꿈결처럼 군침을 흘리며 다가선다
일말의 동요도 껴묻거리 삼아
막을 내리고 싶은 충동이
나락으로 몽롱하게 깊어가는 밤
막무가내 곤한 잠을 잡아 일으키는 손
도리질하는 머리를 냉큼 들어 올린 손
투명한 몸집보다 뚜렷하게 깍지 낀 하얀 손

*연탄가스

풍영정천의 반가사유

물굽이 앞에 마주 선 해오라기
어스름이 허공이 될 때까지 물끄럼하다
물길에 여울지는 그리움이
정지화면으로 머문 지 오래다
아니다, 눈길에는 몇 끼의 바람이 간절하여
행인의 기척도 흘려보내고
일상이 되어버린 물살을 가르며 있다
꼭 누군가를 그리고 있는 것만 같아
외롭고 거룩한 사무침이 박제되어 흐른다
펄쩍 뛰어오르던 은날치는 다 어디로 간 게야
갯버들 휘늘어진 지난날의 풍요는
물길에 흐르는 입덕에 불과해
저물어가는 전설도 아랑곳없이
풍영정천이 고개 지그시 무상에 젖는다
밤으로 흐르는 강물을 면벽하듯
해오라기와 행인이 이윽고
반가사유의 침묵 속으로 빠져들어

순천만 흑두루미

시커멓다 못해
텅 빈 가슴 미어지도록
받아 안는 물결 출렁인다
어느 눈먼 시절 까맣게 지새워야
무량겁의 인연 스러질 수 있겠느냐
지닌 것 내주고 또 내어주고
앙상한 개펄로 잦아들 때까지
보타지는 어미 앙가슴
거친 숨결에 흰 눈 소곳이 내리 쌓이면
흑두루미로 나래 펼칠 수 있겠느냐
정녕 날아오를 수 있겠느냐
허옇게 센 머리 쓸어 올리며
달빛 젖은 갈대 그림자 더듬는다
꿈결엔 듯 나지막한
먼 바다 물소리

한 평 그늘에게

문창반 가는 길
베이스 바리톤이 발목을 붙들었어
이상기후라더니 사월에 한 여름의 소리라니
귀를 솔깃하게 만든 말매미 소리 같은
그의 정체는 실외기 소리였어
며칠 밤을 귓가에서 환청처럼 울리던
소리가 본모습을 드러낸 거야

그리하여 나의 시문이
무더위를 식혀줄 한 평 그늘이 될 수 있다면
그 아래 목청 돋우는 소리 공양으로
잠시 하안거에 들 수 있다면
고개를 주억거리며 승강장을 향했어

그대에게 가는 길이
황소걸음이기를

포구 가는 길

신도 그리움에 사무치면
발로 걸어 나오시는가
높은 곳이 낮은 곳으로 내려와
신과 발이 만나
거스를 수 없는 265밀리,
와온 해변을 찾아가는 외진 포구에서
신이 나면 휘파람 불어 불어
발을 구르며 아문 상처 덧나면
고삐 풀린 망아지같이 헤맨다
저물녘 이내 어린 들길이나
새벽안개 자욱한 물가 어디쯤엔가
두리번거리는 그림자 그러안고
물집 잡히며 길동무 되어준 나의 신발
어느 참에 그대 향한
미투리 한 켤레 삼을 수 있을까

여윈 가을 강

하늬바람 일어 자줏빛 구름 스러지고
이내 불덩어리 삼킨다
지친 뙤약볕에 겨운 잎잎 떨구는
물푸레나무 그늘 아래
흰물떼새 떠나버린 둔치가 서성거린다
골 깊은 그림자 드리운 창가에
속앓이 하나 다스리지 못하고
나날을 여울지는 물줄기 제풀에 여위어 간다
그날 너는 마른강에 벼락 치듯
징검돌 건너 먼 길 떠나고
걷잡을 수 없는 회오리 일어
고개 숙인 물굽이 된 파랑 치며 달겨든다
휩쓸리다 못해 부릅뜬 소용돌이에
무릎을 푹푹 꺾으며
가을 강은 소리를 죽이고
오체투지로 가뭇없이 흐르는데

겨울 무지개

징검다리 건너 외딴집
대 울타리를 털목도리마냥 둘렀다
밤새 목화송이 같은 함박눈을
우듬지까지 뒤집어쓰고
포만감에 겨워 자지러드는 대나무
어느 한쪽으로 솔깃하지 않은
봉우리 팽팽하게 부풀어 올렸다
순백의 긴장감 안으로
꽁무니 쫓던 참새 한 쌍이
잰 날갯짓으로 깃을 찾아 뛰어든다
퍼~ㅇ, 산산이 피어나는 눈 폭죽
소년의 해쓱한 뜨락에
겨울 무지개 어질 머리처럼 뜬다
아스라이 기러기 편대 동천을 가르고
굴풋하게 아침 연기 피어오른다

가을은 왈츠를 추며 온다

옥상 어깨동무한 초록이 핼쓱하다
열 지은 실외기와 파라볼라 안테나 사이
오후 세 시의 공중정원이 비켜 앉았다

격리된 한 철, 자전하는 힘이 된더위 견디고
지구촌 구석진 소식을 챙기며
우주가 공전하는 아침을 맞곤 하였다

쳇바퀴 돌리는 그늘 곁에서
재롱부리던 강아지풀이
확성기 소리에 흠칫 깨금발을 한다

사과가 왔어요, 샤인머스캣이 왔어요
달콤한 가을이 왔어요
입안의 향기 왈츠 리듬을 밟고 번진다

이 리듬에 고추잠자리 꼬리 물고
계절 맞으러 활공하리라
팬데믹에도 시절이 반가운 원반 안테나
FM 99.9 MHz에서 안부 전한다

'가을이다 부디 아프지 마라'*

*나태주 시 인용

한 바가지 물
- 손동연 시인의 물통을 읽고

약수터가 피어오르는 시각
물은 자신의 통을 가리지 않는다
그의 손이 푸는 데로 맡겨
심장의 박동을 따라 출렁거린다
이슬을 털며 한 달음 발등을 기억할 뿐이다
젊은이 열 올리는 스펙은 안중에도 없다
원통이든 장방형이든 무슨 대수인가
바탕이 붉거나 푸르다고 탓하지 않는다
한 방울이라도 흘리지 않으려고
조바심부리며 벌컥거린다
자신을 찾는 땀의 손길에 스며들어
물길을 새롭게 낼 따름이다

새벽이 돌아오는 안개 젖은 길목에
팔목을 걷어붙인 시인의 물통이
은발의 동안 걸음과 다가선다
조롱박 하나 곁들이고
하회탈 고랑 헤치는 길을 걷다 보면
목마른 땅에 물길을 돌리려는

한 청년의 마중물을 마주할 것이다
동틀 녘 성큼 내딛는 시인의 발자국에서
한 바가지 생수가 걸어온
골 깊은 물의 서사, 통할 거외다

첫 새벽

수묵 같은 어둠이
묵은 상처를 다독이며 흐르고
침묵을 차고 일어선다

가늠할 길 없는 오름 저편
올려다보는 눈길 아득하기만 하여
가슴 두둥이며 마른 입술 훔치는데

어느 눈먼 바위가 되었다가
스러져 티끌로 돌아간다 한들,
시작과 마침도 가뭇없는
삼생三生을 되풀이한다 한들

홰치는 소리 여명을 비집고
묵정밭 언저리 자작나무 골짜기에
어둠을 사르며
마침내 새벽은 첫 뿌리를 내려

3

직립의 나라

직립의 나라

곧은 것이 예사롭다 못해 일상인
여기는 금강송의 나라*
묵힐수록 우러나오는 황금빛에
직립의 DNA가 꿈틀거린다
넘어지면서도 어찌 기품을 팔겠는가
하나가 창공을 향해 내달리면
다른 하나 마중 나오고
뒤따라 직립의 건각들이 우르르
오늘도 거친 숨 몰아쉬며
꿋꿋하게 이어달리기 펼치는 곳
오천 년 사직을 떠받드는 기둥의 산실
이곳은 한민족의 도량이다
우렁우렁 백두대간을 휘감는
직립의 함성!

*울진 금강송 숲

천년의 꿈

- 나주 신촌리 금동관

휘황하게 흐르는 위엄이
굽이굽이 즈믄 해의 강을 휘돌아 왔다
금박허리띠, 금동신발을
벗어놓고 주인장은 어디 간 것일까
강바람 서늘한 뱃길 따라 산책하러 나갔을까
여기가 감히 어디라고!
말발굽 소리 우렁차게
서진과 남진을 노리는 도적 떼를 향하여
금동 장검 휘두르며 호령하고 있을까
이곳은 천혜의 땅 영산강 줄기
삼국의 야욕이 회오리치는 들녘에
한 애틋한 사람을 위하여
금장식을 선물하는 로맨티스트
시름도 사랑도 이름도 내려놓고
옹관 침실에 들어 흙이 되고 길이 되고
다시 전설로 살아
새로운 천년의 꿈을 펼치는 당신,
일찍이 황금시대를 개척한 마한의 영화가
붉은 노을처럼 피어나고 있다

태조로 납시오
- 전주 한옥마을에서

맞은 편 닿을 듯이 마주한 여인
허공을 섬돌 삼아 딛고 올라
은근하게 나래 펼친 어깨선의 처마
용마루 끝의 망와가
어여머리*마냥 덩실 떠오른다
팔을 내리며 비스듬히 뻗은 내림 마루는
숫접게 말아 올린 외씨버선처럼
감추고 들어내기를
물 흐르듯 찰랑거리는 매무시여,
쪽빛 일렁이는 가을 하늘을
용비녀와 칠보화관으로 단장한 여인
햇발인 양 도투락 댕기에 활옷을 드리우고
다소곳이 내딛는 초록빛 당혜가
노리개 여민 다홍치마 살포시 이끄는데
은동곳에 사모관대는 대령하였는가
길 나서는 태조로*가
아슴푸레 번지는 사향에 멈칫 고개 돌리고
부라사라 말에서 내려 예를 갖춘다

*어여머리 : 조선의 여인들이 예복을 갖출 때
머리에 올리던 장식용의 큰머리.
*전주 한옥마을 중심거리

짚신 한 짝

권하는 맛이 일품이라며
호리병을 든 주모의 벗겨진 짚신 한 짝이
은근한 수작과 카랑한 선비 사이를
궁금 어린 눈길로 살피고 있었지

득천하영재하니 이교육지*라
군자삼락에 이르러 목을 가다듬은 초당 선생*
회심의 미소가 결연하게 가부좌를 푸는데
이마의 땀방울이 어흠, 여단이를 밀친다
한창 대구를 하던 참매미가
꼬리 사리는 은행나무 우듬지 너머
열여섯 화순 풍광이 구름처럼 피어났지

아버지를 따라나선 첫 남도 길, 무등을 우뚝 우러르던
인상 어제 일같이 뚜렷하였다 동림사에서 맺은 맹자와
의 인연이 이곳 강진에서 장차 후학을 경영하는 길에
바늘귀를 꿰는 동아줄이 될 줄이야

세상에 쫓겨 와 죽음과 같은 나날
북녘으로 한달음에 달려가고 싶었지만

돌아앉아 장부의 큰 뜻을 다잡은 사 년 동안
짚신과 딸이 사철 담쟁이로 우거져
사의재四宜齊* 돌담길을 에워 살폈지

*得天下英才 而教育之, 맹자의 군자삼락
천하의 영재를 얻어 교육하다
*다산 정약용
*다산의 강진 첫 유배지 동문 주막.

솟대가 북쪽을 향한 이유

백두대간이 용솟음치는
태백산 신단수 아래 꽃보라 치던
어느 날 신시를 베풀 즈음이었지

쉬 잠들지 못해 목마른 동굴 속
쑥과 마늘 곱씹으며
어둠을 하얗게 사르는 동안에
덜컥, 시를 잉태하였겠지

밤하늘의 도란거리는 별들을 불러
헤아리는 것이 시라면
시 쓰는 일이란
그들을 씨줄 날줄로 엮는
천상열차분야지도와 같은 것

그러므로 그대여,
구만리 장천을 가르는 기러기같이
가슴에 잉걸불 지피어라
북향 재배하듯
앞서거니 뒤서거니

기럭기럭 길을 내면서
원시의 바이칼로 날자, 날아오르자

개운한 설날

설날 차례 상에 어머니 손때 절은
대접이 포만감에 흐뭇하다

국물 위에 두부 나룻배를 띄우면
황태가 아랫배 디밀고 노를 젓는다
노를 방해하는 것은 토란이다

어머니 차례상에 북어 장국은
진설한 음식 가운데 일품이었다
차례가 끝나고 음복을 하신 아버지
아우, 개운타* 속풀이 하시면
자식들은 제비 새끼마냥 달싹거렸다

어머니 손맛 닮은 형수가 장국 끓이고
아버지 입맛 닮은 식구들이 옹기종기
한 목소리로 아우, 개운타

올 한해 開運하기* 바라는 설날 아침,
벽에 걸린 영정도 개운하여
사기 대접에 두런두런 매화꽃 벙근다

*개운하다 : 상쾌하고 가볍다. 산뜻하고 시원하다
*개운開運하다 : 좋은 운수가 트이다

꽃잎은 하염없이 바람에 지고*

알배기 제철 맞은 설도항,
주꾸미 안주에 두어 순배 돌자
감칠 듯 입안에 뱅뱅 도는
그녀를 호명하였다
봄볕 차린 간이 주안상과
조촐한 조우라니

마주 보는 일 하나로 파도 헤치며
돌고 돌아온 리아시스 해안 길
방파제 마루에 고양이가
기척 없이 한 자리 좌정하신다
한 시절 바뀐 시선 교차한 적 있었을까

술 마시는 일이 부끄러워
술 찾는 별이 떠올랐다
첫 문장 일으키지 못해 부끄러운
별이 없을 리 없다

갈매기 날갯짓 너머
그녀가 못다 부른 춘망사에 대하여

벌건 서녘 구름을
하루에 마흔네 번 의자 돌려가며
두런거리는 천문성에 대하여
포구는 불쾌하게 술잔을 채운다

*김억의 「동심초」 첫 구절,
원전은 설도의 「춘망사」이다.

두건 쓴 길

숨을 멈추고 끼얹었지
내 몸에서 나온 향내야 진저리쳤지만
두건 쓴 아버지는 포기를 에워싼
고랑에게 합수를
흙으로 돌려보내는 의식을 집전하였지

급해도 집에 와서 뒷간 보라던 말씀이
신성하게 끼얹는 일과 결실하여
밥상에 오르는 것을 호박전은 지켜보았지
덩굴손이 허공을 헤집어 길을 여는걸
여름 한 철 지니*와 같이 따라 다녔지

감상에 젖은 별 찾아오기를
학당의 아들은 의자를 당겨
문장의 언저리에 물길 마련하였지
제 모퉁이 씨앗 하나 싹이 트기를
새벽바라기 손짓하여 부르곤 하였지
큰곰자리 기울어지도록
빛살을 펴내 자미궁 살피듯 하였지

두레상의 식구처럼 별들이
호박전 이야기 궁금하여 묻곤 하였지
아버지 두건의 길 위에
아침이슬 함초롬한
호박꽃 일제히 기립박수를 터트렸지

*내비게이션

느티나무 집

먼 길 돌아와 여독이 덧나면
이 층은 한달음에 지하실을 찾았지
어둠은 어깨를 토닥이며
흔들리는 무릎을 양수처럼 감쌌지

칠흑 같은 지하실은
틈만 나면 이 층을 그리워하였지
그곳에 서면 풍광이 손을 흔들며
볕 깊은 느티나무로 다가왔지

수직의 층간을 가로질러
양방향 수평의 통로
사다리가 절실한 발길을
일 층 침실로 이끌었지

눈부처가 되는 아침
어스름 달빛 걷히는 줄도 몰랐지
새소리 바람 소리에 눈을 뜬 느티나무는
반보기의 사다리가 미덥기만 하였지

로즈 힐

유넌의 너랭이 새벽 마루에 서면
무등산을 넘어 불덩이 하나 솟구치고 있었지
땅과 하늘의 경계를 살라버리던 구릉을
지금껏 잉걸불처럼 키우고 있었구려

지척이 만 리인데 아침마다 그 언덕
오를 길이 막연하여 내 영역으로
보쌈하는 길 밖에 도리가 없어

밤 깊어가는 기척에 귀 기울이며
여명의 발걸음 헤아릴 수 있으려면
팬데믹에도 휘둘리지 않을 별천지를
겸재의 금강전도같이
첨밀밀 쌓아 올리고 싶었겠지

코로나 블루의 골짜기에 불을 놓아
타오르는 함성으로
뿌리내리고 싶어 벼르던 그날
다육식물 로즈 힐*을 안고 왔지

*Rose hill : 다육식물 일종

신춘을 탐하다

정초에 신춘 기압골의 남하로
삼한사온이 돌아서고 초장부터 달아오릅니다

그대의 산스크리트어가 아득하여
운무 어린 풍광 분별하지 못해 미안합니다
목구멍으로 치미는 뜨거움 눌러 삼킵니다
영문을 알 수 없는 고개, 문을 나섭니다
나도 모르는 나를
속속들이 꿰고 있는 그대 앞에서
목을 움츠린 발걸음 소름 돋습니다

광야로 들어선 길이 신기루에
방향을 분간 못하고 기진합니다

지난밤에 몇 줄 지어놓고
아침에 앞줄마저 지워야 하는
줄 위에서 사설 짓는 어름사니*
어느 마당에 장단을 누릴 수 있을까요

뚜렷한 것은 허기진 허공에 샅바를 매고
발 구르며 달려드는 까닭입니다
반복하여 뒤집기 하다 보면
판 줄이 평지처럼 수더분한 날 있겠지요
다시 신춘은 움트고
종장이 결실하는 날 올 테니까요

*어름사니 : 남사당패 줄타기 장인

구지봉아!

거슬러 오르는 쌍계천의 어디쯤
첫 방울을 찾아 여울지는 먼 여정의
변곡점에 구지봉龜旨峯*이 홀로 우뚝하다
아홉 촌장과 백성들 하늘을 우러러
제사 드리던 아득한 그 날처럼
바위, 햇귀, 바람, 소나무
옷자락 여미고 둘러서 있다
이 그르칠 수 없는 무상한 만다라의
나른한 손짓과 하품과 더불어
굴풋한 저녁 한때 땅거미가 진다
거북아, 거북아!
흥겨운 가락 안에 어깨 흔들며
원시의 양수 속으로 풍덩 뛰어들어
한 삼칠일 동안
정갈하게 씻고 씻겨
세상모르게 다시 태어났으면

*사적 제429호, 김수로왕의 탄생 설화가 깃들어 있다.

범종의 귀환

독경 소리 목탁 소리
부처의 인자한 미소마저 사라지고
성인이 머물던 절집에는
휘영하니 잡초만 무성하다
이곳은 성주사聖住寺 천년의 터
다시 낭랑하게 몇 굽이 흐른 다음
정녕 인연의 새벽은 밝아
첫닭 홰치는 소리 우렁차게
한 소식 들리는 날,
뭉그러진 불상의
눈과 코에 새살이 돋고
만유를 휘감는 범종 소리 돌아오리라
삼세 삼천불의 염원 앉고
바람도 경을 읽는 적막한 뜨락에
부서지는 햇살 넘실거린다

얼씨구, 어름놀이!*

여기 곳대 높은 한 세상 발밑에
굽어보며 회심의 미소 짓는 사내가 있다
남사당의 줄타기 광대 어름사니*가
매호씨*와 풀어내는 걸쭉한 입담 보소
관중들의 추임새에 흥이 오르면
덩실덩실 펼치는 저 잔재비 거동 좀 보소
척, 신명에 부채질하며 건들건들 뒤태를 보소
달리고 뛰어오르고 공중제비하고
장단줄, 양반걸음, 거미줄늘이기, 콩 심기*
썩어 문드러진 땅바닥을 차고 올라
허공을 휘여 잡고 도약하는 것은
단숨에 결기 휘날리며 나래를 펴는 것은
판 줄 위에서 홀로 벌이는
지독한 모노드라마,
질펀한 해방 콘서트

혹시 기억하는가?
저 당돌한 단말마의 외침을
다시 태어나도 두말할 것 없이 광대지!*

*어름놀이 : 남사당놀이 가운데 네 번째 마당인 줄타기 놀이
*어름사니 : 줄 타는 사람가운데 우두머리
*매호씨 : 어름놀이의 어릿광대
*판 줄 위에서 벌이는 곡예 이름
*영화 '왕의 남자'의 마지막 명대사

마지막 초대

엿새째 되는 날 지음 받은
사람의 갈비뼈를 취한 여인이여,
에덴동산의 마지막 초대임을 기억하는지요
대단원의 정성으로 빚은 려인麗人이여
덩두렷이 둘레를 따라 황금 띠를 두르고
우윳빛 향기 피어오르는 당신
지극한 사랑과 지음의 본뜻을
물려받은 결정체가 또 있겠는지요
아니오! 는 이 세대를 겨냥한 비장의 은장도,
아마존 밀림이나 히말라야 어디쯤에서
추근거리는 손길 물리칠
예리함 당돌하게 들어내세요
지상 최강의 무기인 모성을 덧입어
머지않아 맞아들일 바람을 향해
옷매무시를 단정히 하세요
하늘에 닿을 찬사와
땅을 치는 아픔 가운데 선택은
그대 몫입니다
누리에 신의 예술품을 잉태할 여인이여
누가 감히 대신할 수 있겠는지요

보름날 보름코지

갈기 휘날리는 시각
부풀어 오른 근육에 뜬기는 단추
말초신경을 무너뜨린 혈류가
초원의 비탈길 내달린다
사철 늠름한 삼나무 숲을 지나
벼랑 깊은 달의 계곡
둥두렷한 바위를 차고 오른다
찰지게 봉긋한 달 움켜쥐고
삼림을 뿌리째 흔드는 바람 되어
울부짖기 시작한다
진원, 진원을 맞닥뜨린
대리석 기둥이 주춧돌부터
원시의 굿거리장단에 버둥거린다
달빛 자락은 충만하여
신전의 모롱이 휘감아 들고
땅과 바다가 마주한
보름코지* 사리가 덮친
경계면이 너울지어 달아오른다

*바람이 심하게 부는 곳, 제주 방언

캄퐁치낭의 달항아리

한낮에 보름달이 뜨네
등을 돌린 허공에
다듬는 예식 이마에 정갈한 땀방울 맺히네
왼손은 병아리 오른손은 어미 닭
달의 안팎 두드리는 점파의 벗은 발이
장단을 밟으며 받침대를 자전하네
맞은 손 일천 번의 줄탁동시에
허공이 찰지게 부풀어 올라
등걸 그늘 그늘마다
무른 달 여물어가는 캄퐁치낭*
달 차오르는 동안
길 넘어 나무 주걱 여울지는 소리
강물은 고개 돌려 발을 맞춰 흐르네
일백 번은 커녕 허공 한 자락
마름하지 못한 나의 시가
갓 세수한 달항아리 하나
메콩강 어귀에서 막 건져 올리네

*캄보디아 중부 전통방식으로 옹기를 빚는 항구

링반데룽의 아침

새벽녘 안개의 늪에 갇혀
길을 잃어보지 않은 이는 모른다
방향을 놓치고 같은 반경을
다람쥐 쳇바퀴마냥 맴도는
뫼비우스의 고통*을
무의식 가운데 각인된 지구의 자전
거친 숨 내쉴 때마다 들뜬 신열을 앓으며
원점을 좇아 발버둥을 친다
꿈속에서 헤매는 듯 아득하다
어느 계곡물 맞닥트리면 깨어날 수 있을까
온몸은 오라에 묶여 혼곤한데
점점 사위어가는 북극성
대지가 부린 최면에 허우적거리며
긴 밤 미로를 헤매느라
억장이 철렁 무너지는 아침을
겪지 않은 이는 정녕 모를 일이다

*Ringwanderung : 환상방황, 등산객이 안개나 폭풍우를 만나 방향을 잃고 같은 지역을 계속 맴도는 일.

이타카 가는 길

한 옥타브 높은 음계가 마중 나오는 곳
기운 날개 일으켜 떠나고 싶은 날
이타카*로 가는 거야
까마득하다고 돌연 생각이 빼근해지면
옴나위없이 펄쩍 뛰어오르는 거야
열에 들뜬 기구 부풀어 오를 날
남은 시간 동안 몇 번이나 찾아올까
흔들림이나 매스꺼움은
낯선 세상을 향한 발돋움일 뿐이야
익숙한 착한 DNA가 척후를 할 테니까
뱃사람 뭍에서 생 멀미 앓듯 박차보는 거야
그곳은 바람이 한쪽으로 소용돌이치고
상상 너머의 이야기가
안개 속을 사이렌처럼 헤집으며 다닐 테니까
어느 골목 홰치는 소리 아련하고
아침 파도 문안 여쭐 때마다
먼 바닷길 나서고 싶어 물때 노리는
영웅이 똬리를 틀고 있을 테니까
이타카가 부르면, 봐서 이따 가겠다고?
글쎄, 돌풍을 잠재우는 바람

아무 때나 부는 게 아니야
돛을 올리는 건 그대 몫이니까

*이타카 : 고대 그리스의 영웅 오디세우스의 고향

천일야화의 방

이 방에 있다, 무엇인가
페르시아의 모래바람 헤치며
은하의 젖줄을 쫓아다닌 듯 밤새
한줄기 꼬리를 물고 이어지는 이야기

세헤라자드 목소리 침상으로 기울고
석연화* 귀밑머리 붉게 물든다
흑법사* 날아오를 것처럼 귀를 번뜩이며
양탄자 곧추세운 키 경계를 늦추지 않는다
새벽 눈발을 두른 잔설봉* 골짜기
알리바바와 사십인의 도적들이
열려라 참깨, 동굴 문은 힘찬 용틀임하고

지난밤 무슨 일 있었던 거야
아라비안나이트에 취해 고개 돌린
눈길이 몽유병을 앓고 있어 수런대지만
열두 별자리 번갈아 찾아드는 방

직박구리 한 소식 듣고 찾아와
뜻밖의 풍경을 기웃거리는 창 너머로

우주의 오케스트라를 지휘하는
보이지 않은 손길 다녀가신다

*다육식물 종류

몽환

잠의 나래 펼치는 베개맡에
콧소리로 다가오는 유혹
은근하다
허공을 향해 손사래 친다
이불깃 헤치듯 틈을 두었다가
다시 잉잉거리며 목덜미를 파고든다
양소유* 선경에 들어 꿈길 거니는 듯
가물가물 거리는 잠이
콧소리를 향하여 돌아눕는다
달겨붙어 버둥거리며
생의 오르가슴 맛보고 싶은
모기 한 마리, 대시에
꽃망울처럼 맺힌 붉은 입술 자국
칼이라도 휘두르고 싶은
황홀한 동지의 밤

*서포 김만중의 소설 『구운몽』 주인공

4

초아흐레 소식

초아흐레 소식

쯧쯧쯧
정자 옆 풀밭에 지금살이한 여치
인기척에 잠깐 숨을 고르더니
멀어지는 발걸음 소리에
입술을 비죽거리며 혀를 찬다
쯧쯧쯧
청년 백수의 스쳐 지나간
바람 같은 하루치의 무게를 가늠한 것이다
성마른 달붓기는 내일 모레
카드는 숨 가쁜 돌려막기
초아흐레 성근 달빛을 튀기며
쯧쯧쯧
그림자를 길게 끌며 지켜보던 당사정이
고개를 주억이며 곁 장구 친다
끌 끌 끌

이팝나무 그늘

보리대궁 누렇게 흔들리는
오월 이쯤에
제 배꼽에서 비롯된 통점을 찾아
먼 길 떠나는 것은 축복받은 일이리

어느 이팝나무 그늘아래
파리한 눈빛의 다른 몸뚱이 곁에
지친 슬픔 부리는 것은 아심찬한* 일이리

일렁이는 바람 등 떠밀면
터덜터덜 발목을 잡는 그리움이
건넛마을 불빛 따라 여울지고

산 그림자 한 자락 삼키고
붉은 울음 토하는 두견이 소리에
갈 곳 잃고 두리번거리면

멀리 살풀이 춤사위같이 피어나는
그니의 얄포름한 실루엣

*아심찬하다 : 전라도 방언. 미안할 정도로 고맙다

안구 건조증

눈물이 많으면서 건조한 증상이라고 한다
의사는 대수롭지 않다는 표정이지만
지나침과 모자람의 상대적 공존,
손수건과 인공눈물을 동시에 준비해야 하는
불편한 양립의 주머니 앞에서
눈물샘은 애꿎은 범인 되어 몸 둘 바를 모른다

막아야 하는 건지
뚫어야 하는 건지
풀백과 스트라이커를 동시에 맞는
전천후 선수인 박지성 같으면 모를까

촛불을 든 민중을 껍데기 취급하듯
함부로 들이대는 유치찬란한
말 잔치의 과잉 앞에 어처구니없는
유구무언의 결핍이 이런 것일까

요즘 잘 나가는 크로스오버나
하이브리드를 즐길 수 있어야 해
동·서양 퓨전 상차림에 입맛을 돋우고

두 영역을 함께 아우를 수 있는 것처럼
풍요와 빈곤의 백지 위를
주어로 쓰여질 수 있는 것 아니겠냐고
상기된 처방전이 고개를 주억거린다

겨울 삽화

갈참나무 우듬지의 구름송이가
빈 둥지같이 적막합니다
젊음의 은어가 떠나간 길목에는
바람소리만 뒹굴어
낙엽의 벤치도 돌아앉았습니다
잡초 몸서리친 그 길을 찾아가야지
음영 깊은 모노톤의 바람이
목을 움츠러들게 합니다
참, 이즈음 들길을 거닐어 보았는지요
벼 그루터기 사이 다 내어준
뭉클함이 피어오릅니다, 저녁노을처럼
말 부리기 좋아하는 어느 분이 이 계절을
텅 빈 충만이라 일러줍니다
딱 봐도 그는 일러스트레이터가 분명합니다
동안거의 화폭에 시들은 빛깔이
생기 찾아 돌아올 날 있겠지요
겨울의 들, 곧 흰 옷 차릴 테니까요

지나침의 역설

사평역을 만나고

돌아오는 시내버스 안이었지

목마름에 물을 마셨지만, 더 갈증이 난

서운한 손길이 시집을 펴들었어

갈피 사이 출렁이는 차창 너머로

내려야 할 정류장이 지나쳐 가는 거야

투덜거리는 마스크 앞에

놀 빛 와온 바다가 질펀하게 펼쳐졌지

지나치지 않았으면 그냥 지나쳐 갔을 시,

그의 속내를 들여다보고 말았지

포구, 달아오르다

불판에 올려진 전복이
갯바위에 걸터앉은 것처럼 물끄러미
여기는 어느 포구지
아침에 갈매기 안부 다녀갔는가
영문도 모르는 사이
바람결에 숨죽이던 불길이
돌연 거칠게 일어선다
이 포구는 왜 이리 뜨겁지
덮쳐오는 너울에 발버둥 치는 전복을
등딱지가
가만가만 다독거리며 말한다
불의 소용돌이야, 나를 꼭 껴안아
곧 파도 소리 찾아올 거야
벌건 해조류 내음 아득하게
휘몰아치는 돌개바람 소리 듣는다
발아래 천 길 나락 달아오른다

늦은 5시 30분

내려서는데
올라오는 발자국이 눈에 밟힌다
하필 눈 쌓인 계단이 아니어서 눈이 무사하다
이미 와 이제, 양 기슭이
오늘이라는 함수 속에 다리를 놓은 지금
시선을 교차하는 이웃이 군림한다
벽 너머 궁금하지 않은 안부가 데면데면한데
애완견 짖는 소리로 지나친 계단들은
어느 녘 거닐다가 변산 앞바다
시름에 절은 갯바람을 쫓고 있을까
일각이 켜켜한 일상이 채석강이 되는 줄 몰랐다
먼지처럼 구르다 말려버린 갈피 펴들고
만나야 하는 만날 수밖에 없는
놓쳐버린 발자취
아우라지로 달려가고 싶은 날
별것 아닌 일들이 불쑥 별의별 얼굴하고
다가서는 시각,
속없는 위장이 구시렁거린다
허기진 시선 건재하다는 것, 다행이다

무더위 한 평 반

칠월의 열기 차 안이 부러웠다
차창을 올리고 냉큼 실내 온도를 내린다
안을 낮추는데 밖은 올라가는 것이
어처구니없는 무더위,
가파른 수은주에 호들갑을 떨면서
이산화탄소의 농도는 창밖의 일이다
테이크아웃 냉커피가 짜릿하여
가로수에서 아열대를 따 먹을 날을
기대하는 입술에 바나나가 대롱거린다
맞은 편 층층에 걸터앉은 실외기
달아오른 열기를 씽씽 주체할 수 없다
폭염경보에 함문령이 내려진 집집마다
앞장서서 빗장을 열어젖힌 다음
무더위 한 평 반씩만 분양한다면,
그와 찬물 끼얹으며 사이좋게 등목을 하면
빙하가 흐르는 행성을 찾아
서둘러 발길 돌릴 수 있으련만

다시 카페에서

이곳 사람들은 다시라는 말을 밥 먹고
커피 마시듯 한다
시방 다시*장에 가는가
이곳을 떠난 뒤에도 향수에 젖어
뭐시냐, 내 고향이 다시랑께
언제든 다시 시작할 수 있는 빽을 지녀
한번 꿈은 배나무처럼 왁자하게 익어간다
늘 생기 넘치는 발걸음으로
길이 걸려 넘어지면 대수롭지 않게
다시 일어설 수 있다는 믿음이
오직 예수! 라고 외치는 크리스천같이 충만하다
어디 그뿐인가
눈은 하늘의 별만큼 총총하다
아, 십년만 되돌아갈 수 있다면,
그 바람 잉걸불마냥 이글거리는 한
다시, 그들은 뜨거운 청춘을 사는 것이다

*나주시 다시면

뿌리내린 의자

머리와 팔다리 출장 간 것일까
영문도 모른 몸통을 의자에 심어놓고
자라거나 눕지도 못한 시간이 턱을 괴고 있다
눈빛은 돌아서 멀거니 되어
다른 움직임과 손잡을 수가 없다

물 먹은 컵을 방석처럼 깔고 앉아
光 바라는 보라색 양파 한 알
초록빛 기지개를 켜는가 싶더니
조명에 빨대 꽂은 새싹들 구석이 환하다

같은 어둠 불빛 아래 눈빛을 절룩거리며
막다른 책상 앞에 몸을 부린 등신이
끝 장까지 버리고 다듬고 끝장을 보려 한다

몇 가닥 뿌리내린 의자가 들썩이며
머리와 팔다리 꼼지락거린 오늘
아침, 연초록 요구르트를 벌컥거린다

외마디가 더 부시다

파도에 휩쓸리다 비껴 앉은 ㅂ자
아직 할 말이 남은 것일까
발목을 잡아챌 듯 모래톱을 치밀어 오른다
첫 음이거나 받침이거나 옆자리
내주고 닿을 소리 찾아 허우적거린다
바보야, 속내를 알아차리지 못한 핀잔이거나
바라볼수록 터져 나오는 탄성이기도 했을
아웃과 인의 둘레에서 그만 놓여났다
ㅁ이나 ㅍ으로 발돋움할 수 없어 주저앉기도 했을
물결이 수평선을
도미노 무너뜨리듯 거침없다
누구에게는 ㅅ이나 ㅎ의 얼굴하고
파랑을 가르며 의기양양하게
하루를 지필 불덩어리 솟아오른다
ㅏ거나 ㅗ거나 외마디 스러지는 순간까지
제자리 눈부시게 마중 나온
아침노을 번뜩이는 소리, 소리들이
두 손 모아 장엄미사를 올린다

어깃장의 품위

왼쪽 새끼손가락이 몽니를 부렸다
작심한 듯 대놓고 선언했다
무작정 손톱을 깎이지 않겠노라고

이삼일 괜찮았다
사오일 견딜 만했다
일주일이 지났다

귓속이 가려울 때
콧속을 후빌 때
목덜미를 긁을 때
사고를 치고 말았다

한날한시에 태어났지만
제일 약골인 새끼가
어깃장을 놓고 만 것이다

피아를 구분 못 하는 어리석은 녀석
지금이 감히 어느 때라고
나머지 아홉 개가 일제히 윽박질렀다

이놈의 새끼, 너 혼 좀 나볼래?
이 종북 놈의 새끼야!

시인의 뜨락

고즈넉이 이내 어리는
청구원青丘園* 뜨락
만경 들 마실 다녀온 비둘기가
푸드득 하루치 깃을 접으면
고개를 내밀던 도토리 한 알
중력을 견디지 못하고 곤두박질친다
청설모 꼬리든 그림자
두리번거리며 마중 나온다
시인의 골 깊은 눈길이 뒷짐 지고
한 그루 굴참나무 푸른 그늘을 더듬는다
몇 잎 떨어져 내 안에 부메랑이 날아와 박힌다
헉, 한 해를 견디어온 무게만큼이나
네 갈래진 시선이
피라미드 한 꼭짓점을 이룬다

*청구원青丘園 : 신석정辛夕汀 시인 고택

불새 날아오르다

- 만연사에서

대웅전 앞 무량각 한 채, 배롱나무
겨우내 꽃차례 연등이 제 시절을 맞는다
안부를 물어도 눈길조차 주지 않더니
눈발이 들자 서둘러 등을 밝힌다
오늘따라 바람을 건잡을 수 없어
동공에 눈부처가 흔들린다
천군만마를 거느린 눈보라 홀연히
학익진을 펼치는가 싶더니
불새 한 마리 활개를 치며
무량각을 한바퀴 휘돌아 날아오른다
물들기 시작한 서천을 마주하며
한 번의 절명이 이러할 진데
돌아서는 발자국에게 너그럽기를

바다가 백수로 간 까닭

한쪽으로 솔깃하지 않았다
백만 년 넘게 푸르게
푸르게 온몸으로 철썩였기 때문이다
만날 바닥을 지는 등에
욕창이 피어오르면
돌아누우며 붉은 너울을 일으켰다
잠든 그리움의 저기압이 똬리를 풀어
사무치면 태풍을 불러들였다
뒤척이며 눈을 번뜩일 때마다
지경은 소용돌이치며 무너져 내렸다
쿵 떡떠그르르
휘모리장단 한마당 뒤 시치미 뚝
무슨 일 있었냐는 듯 바다를 향한
본디 물음은 화평한 일상을 찾아갔다
어제 남광주 시장 수족관에
저무는 쪽빛으로 빼끔거리고 있었다
반가움이 한달음에 달려가
백 세를 견딘 시절 너머 너나들이하였다

바람의 검

발끝에 걸린 외마디가
펄쩍 뛰며 쓰러진다
차례를 마치고 음복을 기다리는 식탁의
다리가 엄지발가락을 스친 것
촛불이 까치발로 뛰어오른다
북어포가 저만치 나뒹굴고
대추의 주름골이 더 붉어진다
너는 내려다보고 어이없어
그는 올려다보는
위아래 통풍通風이 스친 자리
찰나. 통풍痛風이 휘몰아칠 줄이야
태산도 들어 옮길 떡대를
날이 선 바람 일격에
철들지 못한 급소를 찌른다

신접살이 풍경

인도차이나에서 빚어온
혼수품 그것은 도자기였다
새아기는 첫날 시집의 대문 들보에
풍경부터 내어 걸었다
선바람 마중 나오는 풍경이듯
가람을 도란거리는 염불이듯
불국토에서 고이 안고 온 것은
친정의 영롱한 소리였다
소리는 풍경을 이끄는 지름길,
판소리 다섯 마당에 신이 난 어깨춤 곁들이고
나랏 말씀이 소리글자인 동방을 찾아
낯선 풍경과 마주하고 싶은 며느리의
차이나는 간절한 풍경 하나
두고 온 가족 소식에 뒤척이는 긴 밤이면
서녘 바람 묻어온 풍경소리에
그리운 묵은 안부 전하고 싶었으리
만 리를 한달음에 달려가고 싶었으리

슬세권*

저녁을 먹은 슬리퍼가 마실길을 나선다
입가심 한 잔을 솔깃하게 부르는
발등의 이름은 헤드head,
묵언 수행이 팔자걸음 내딛는 이팝나무 아래
앞장선 누렁이가 슬슬 세력권을 표시한다
배달의 민족 철가방의 거친 숨소리에
용아로가 붉은 눈 번뜩이고 급브레이크 밟으신다
곡예 부리며 왕왕거리는 몸짓에
비대면의 거리가 들썩거린 지 오래다
전단지가 물밀 듯 점령한 한마을
아파트군의 늠름한 사열을 받으며
슬세권이 역세권을 제친 가로수 그늘아래
철 지난 연등이 거리두기 한창이다
발목을 걷어붙인 슬리퍼가
휘청휘청 팬데믹으로 휘어진
골목을 물구나무서서
제자리 찾아 돌아가는 길

*슬리퍼를 신고 생활할 수 있는 세력권,
코로나 시대의 신조어이다.

시월 초여드레

풍경을 즐겨 찾는 그가 사진을 보내왔어
소나무 y자 줄기 사이로 상현上弦이
갓 세수한 옆얼굴하고 서 있더군
보일 듯 볼 터치한 여린 미소 머금고
이 구도를 찾아서 그는
밀려오는 어둠을
바람같이 밀고 당기고 서성거렸겠지
덩시렁게 달 차오르기를 고대하는
한 마리 늑대처럼 둔덕을 싸돌아다녔겠지
벌거벗은 은행나무 창에도 들었는데
옷 바꿔 입은 얼굴처럼 낯설기만 했어
소나무의 단짝으로 달이 꽂혀 있었던 거야
언저리에 달무리가 자글거린다며
덧붙인 말의 눈가에 잔주름이 피었더군
내심 들여다보고 있었던 거지
중심을 지나쳐 예사롭게
변죽만 울리고 있을 나의 시선을

아람 마주앉다

무생채와 부추를 넣어
맛깔 낸 다슬기탕
전등을 고명으로 곁들이고
이십 곡 너머 한 마을의 여인이
가슴앓이를 다슬기탕과 버무려 삼킨다
속풀이로 맞춤임을 알아 혀끝은 분주한데
앓음과 알음이 두런거리는 겸상,
지각이 촉각보다 먼저였다면
아픔은 다른 길로 지나갔을까
눈에 불 켜고 달리는 일방통행로
성급하게 다가온 길이
한 아름 숨결을 휘감았다
새벽녘 아람지어 떨어지는 사과 하나,
어디에 낙인을 숨겨 두었을까
먼 여행에서 겨울비 맞으며 돌아와
다슬기탕 쌉싸름한 향 마주하고
그녀가 처음 대하듯 저녁상을 당긴다

어깨 좀 내어줄래요

하루가 돌아오는 지하철 안
땀내 습습하게 비집은 양옆으로
기어같이 맞물린 어깨들이
지하철을 끌고 가는 견인차였다
굽잇길 돌아들 때마다
옆 어깨에 실리는 대책 없는 체중이
탄력을 북돋아 주곤 하였다

여의치 않으면 뛰쳐나가 작당하는
한 지붕 여의도 어깨싸움이 아니다
하루 품에 마침표를 찍으며 돌아오는
신 내음 뭉클한 어깨 살림에 있다

오늘도 마주 보는 철로가
양 어깨너비만큼의 거리에서
한 방향으로 줄기차게 내달리지 않는가
그곳에 덜컹덜컹이는 아픔 견디며
내일 향해 목말을 태우는
어깨의 수고가 돌아오고 있다*

*내가 멀리까지 내다볼 수 있었던 것은
거인들의 어깨 위에 올라선 덕분이었다. - 아이작 뉴턴

숲은 레시피가 다르다

성수산 녹음이
상차림한 우롱차를 마주합니다
첫맛의 떨림 안으로
찻잔의 따스함에 안도합니다
녹차와 홍차, 중간쯤 될까요
신맛과 떫은맛이 우렁우렁 스며듭니다
반보기하듯 단맛과 쓴맛을 곱씹는
중생의 일상이란 녹록지 않아
입맛 다시는 사이
솔바람이 곁자리 좌정합니다
다향이 궁금한 곤줄박이 한 쌍 깃을 칩니다
숲은 찾아오는 이를 가리지 않는
은중경恩重經의 품,
낯선 경계 사라진 풍경 안으로
숲 이야기 환한 상이암이
풍경소리 낭랑하게 합장합니다

|해설|

실존의 형식과 생명성 · 역사성의 탐구

-김성룡 시집 『숲은 레시피가 다르다』

강 경 호

(시인, 한국문인협회 평론분과 회장)

1.

서정시는 시인의 세계관을 통해 성립된 사상과 감정을 형상화한 언어예술이다. 개개인마다 살아온 과정이 다르므로 정신세계 또한 다를 수밖에 없다. 사물의 진실이 시인의 세계관에 따라 변별력을 가진다. 알다시피 진실이란 각각 해석에 따라 다르게 이해될 수밖에 없다. 서정시는 언어예술이기 때문에 세계를 어떻게 보느냐에 따라 그 모습이 제각각이다. 이는 진실이라는 것이 정해진 답이 하나가 아니기 때문이다. 정서 또한 시각에 따라 그 모습이 천차만별이다. 그러므로 서정시는 수만 가지의 모습으로 다가올 수밖에 없어 시인의 개성이 제각기 나타난다.

김성룡 시인의 시세계 역시 시인이 살아온 삶의 총체성을 바탕으로 달리 해석되어 김성룡 시인만의 개성을 드러낸다. 김성룡 시인의 시적 경향은 크게 세 가지로 나눌 수 있다. 성찰과 깨달음의 시세계, 그리고 생명성 앙양과 이로 인한 생명의 환희, 역사의식과 전통의 가치를 표출한 시세계를 보여준다. 성찰과 깨달음의 시편들은 단독자 인간으로서의 고뇌가 묻어나는데, 이는 보다 인간다운 삶을 살아야겠다는 의지의 표현으로, 삶의 연륜이 깊어갈수록 휴머니즘을 바탕으로 한 시세계를 펼쳐가고 있다. 삶에서 부딪치는 사소한 정서적 사건과 자연의 모습에서 삶의 본질을 묘파하고 있다. 또한 생태학적 상상력에 천착한 작품들은 주로 자연을 시적 대상으로 삼고 있는바, 이것들을 세심하게 관찰하며 생기발양한 생명의 힘과 생명의 가치를 형상화하는 데 공을 들이고 있다. 한편 역사성을 통해 민족의 시원은 물론 향토성을 내밀하고 깊은 사유를 시인 특유의 상상력으로 이른바 김성룡식의 개성 있는 시의 전형으로 만들어가고 있다.

이외에도 김성룡 시인의 시는 소소한 일상에서 삶의 본질을 발견하여 묘파하고 있다. 이러한 김성룡 시인의 언어는 때로 탁월한 비유를 구사하여 자신만의 시적 진실에 접근하고 있다.

2.

인간의 삶에서 만나는 정서적 사건을 통해 자신의 삶을 개진하는 일은 매우 중요하다. 어떤 계기를 통해 깨달음을 얻어 보다 인간다운 삶을 살고자 하는 본능은 선(善)을 추구하려는 인간다움에서 비롯된다. 이러한 노력은 일생을 통해 끊임없이 이루어지며, 시인의 사명이며, 오직 인간만이 이러한 윤리적 · 도덕적 인지 작용을 통해 이뤄낸다. 이때 시인은 시적 상상력을 발현하며, 결과적으로 시인 자신만의 깨달음에 그치는 것이 아니라 독자들에게도 선한 영향력을 끼친다. 이는 김성룡 시인의 시에서 매우 중요한 시적 관심사이며 그의 시를 이끌어가는 커다란 힘으로 작용하고 있다. 김성룡 시인이 시적 대상을 바라보는 주체는 언제나 대상을 자기화하려 하지 않고 대상에 동화되려는 시각을 지니는데, 이는 대상이 지닌 상징적 의미에 동의하며 대상을 통해 동일화하려 한다. 이러한 김성룡 시인의 시는 겸손의 미덕을 획득하고 자신을 낮추려는 세계관을 보여준다.

저문 단풍과 첫 서리의 어디 쯤
트렌치코트 깃을 세우는 어느 거리에서
동동 걸음으로 마주치는 그대,

추위로 가는 길모퉁이에
하냥 은빛 머리 억새로 서서
손 흔들어 배웅할 수 있을까

한 해의 은혜를 갈무리하는 이즈음에
잎잎을 오방색으로 단장하고

낮은 곳으로 낮은 곳으로
내려앉는 연습을
조곤조곤 할 수 있을까

11월, 그대 있음으로
날로 야위어 가는
산 그림자에게 드러난
내 안의 웃자란 헛가지들을
하나씩 하나씩
가지치기 하는 것 아니겠는가

-「그대 안의 11월」 전문

시적 주체가 대상에 동화되고자 하는 겸손의 미덕을 보여주는 이른바 자연의 일부로서 시적 자아의 태도를 드러낸 이 작품은 깨달음의 메시지를 전하고 있다. 이 작품의 부제인 '11월은 가지치기하며 온다'가 암시하듯 '11월'이라는 시간적 공간은 늦가을로 지난 계절 무성하고 푸르렀던 '자연', 즉 '나무'가 "잎잎을 오방색으로 단장하고/ 낮은 곳으로 낮은 곳으로/ 내려앉는 연습"을 하고 있다. 다시 말해 형형색색의 단풍으로 물들어 낙엽을 떨구며 겨울을 맞는 모습에서 시적 화자는 11월의 나무가 지닌 '비움'을 닮고자 하여 동일성을 지향한다. 화자가 이렇듯 성찰과 깨달음을 갖게 된 배경은 "저문 단풍과 첫서리의 어디쯤"에서 추워지는 날씨에 "트렌치코트 깃을 세우"는 나무와는 대척적인 상황을 반성한 결과이다. 더불어 "11월, 그대 있음으로/ 날로 야위어 가는/ 산 그림자에게 드러난/ 내 안의 웃자란 헛가지들을/ 하나씩 하나씩/ 가지치기"를 할 수 있게 된 것이다. 여기에서 "내 안의 웃자란 헛가지들"은 시적 자아의 욕망을 상징적으로 드러낸 것으로 반성의 단초로 작용하고 있다.

「기울어지는 것」에서는 '느티나무'라는 자연을 통해 시적 화자가 균형과 조화를 추구하는 정신성을 보여준다. 이 작품을 통해 시인의 정신세계를 관통하는 세계관을 잘 나타내고 있다.

> 느티나무 한 그루 아슬하다
> 곰적골로 가는 비탈길 모서리에
> 직립을 잃고 기우뚱 한데
> 부릅뜬 안간힘이 가까스로 버티고 있다
> 기울어지는 것은 바로 서기를 포기하는 일
> 몸이 흔들릴 때마다 세찬 물결 소리 출렁인다
> 태풍은 언제쯤 찾아올까
> 활개는 어느 쪽으로 쳐야 할까
> 흔들리는 각도에게 더 이상 휘둘릴 수 없다
> 중력을 거스르는 몸부림은
> 바로 곁 너럭바위에게 무릎을 내주었다
> 아니, 그가 무너지는 중심을
> 억겁의 힘으로 으스러지게 끌어안고 있다
> 세간의 입질은 아랑곳없이

태풍의 발길질과 맞서려는 균형의 추
벼랑 끝에서 사선과 지평이
저들 손이 기울어진 지축을 받들고 있다

-「기울어지는 것」 전문

화자는 "비탈길 모서리"에서 "직립을 잃고 기우뚱"한 모습으로 "안간힘으로 가까스로 버티고 있"는 느티나무를 바라보고 있다. 이러한 느티나무의 모습은 불안하고 위태롭다. "기울어지는 것은 바로 서기를 포기하는 일"이기 때문이다. "몸이 흔들릴 때마다 세찬 물결 소리 출렁인다". 태풍이라도 불어오면 느티나무가 넘어질지도 모른다. "흔들리는 각도에게 더 이상 휘둘릴 수 없다". 그러나 "중력을 거스르는 몸부림은/ 바로 곁 너럭바위에게 무릎을 내주었다". "너럭바위가 느티나무의 무너지는 중심을/ 억겁의 힘으로 으스러지게 끌어안고 있다". 그러므로 느티나무가 쓰러지지 않고 버티고 있는 것이다. 모든 나무가 지향하는 직립을 유지하고 있는 힘이 느티나무의 버티는 힘과, 이를 받쳐주고 있는 너럭바위의 힘이 느티나무를 비탈에서도 서 있게 하는 것이다. 「기울어지는 것」에서 시인이 전하는 메시지의 본질은 '균형'과 '조화'이다. 느티나무와 너럭바위는 "태풍의 발길질과 맞서려는 균형의 추"라는 단순한 균형의 원리만을 말하지 않는다. 기울어지려 하는 것은 인간의 삶에도 있다. '직립'이 우리 모두가 꿈꾸는 가치라면 기울어지려 하는 것은 삶의 본질에 반하는 것이다. 이를 극복해야만 삶의 유지될 수 있으므로 원심력에서도 직립을 유지한다는 것은 정상적인 삶을 이어가는 일이다. 그러므로 "벼랑 끝에서 사선과 지평이/ 저들 손에 기울어진 지축을 받들"고 있는 것처럼 인간의 삶도 이와 같은 원리가 작용될 때 '직립'이라는 균형과 조화, 그리고 생명성을 유지할 수 있는 것이다. 균형과 조화를 통해 삶의 원리와 본질을 적극적으로 묘파하고 있다.

이 밖에도 김성룡의 시편에서 자연, 또는 사물을 통해 인간의 삶의 원리와 본질을 탐구하는 시적 경향을 지향하는 작품들은 무수히 많다. 「가을 채석강」에서 자연을 하나의 캔버스로 비유하고 있다. 캔버스는 화가가 그림을 그리는 화구이다. 그런데 화자는 '가을 채석강' 풍경을 캔버스에 그려진 그림으로 비유하고 있다. 가을 채석강은 "하나 둘 내려놓는" 까닭에 화자는 "스스로 가득한 여백"으로 인식한다. 이른바 '비움'으로서 '충만'함을 말한다. 그러므로 화자에게 "가을 채석강"의 여백에 "붓을 들어/ 덧칠하지" 말고, 오히려 "거침없이 뛰어들어/ 한 몸이 될 것"을 다짐한다. 「꿈꾸는 백 년」 또한 배꽃을 '수틀'에 수놓아진 풍경으로 비유한다. 배꽃 아래에서 배낭을 짊어진 사내가 짐을 부리지 못하고 있다고 한다. 욕망을 쉽게 버리지 못하는 인간의 모습을 담은 이 시를 통해 자연을 바라보는 시인의 인식 태도를 엿볼 수 있다.

「보조개 사과, 달다」는 시적 대상을 감각화한 작품으로 '칼바람', '그늘', '달빛', '뙤약볕', '붉은 생채기' 등의 시어에서 짐작할 수 있듯 여러 시련을 극복하여 마침내 "쓰라린 단맛"으로 영글었음을 노래하고 있다.

3.

앞에서 살펴보았듯이 김성룡의 시편들은 많은 작품들이 '자연'을 시적 대상으로 삼고 있다. 자연을 통해 인간의 삶을 비유적으로 깨달음의 메시지를 전하는 것과 함께 생명의 본질, 생명의 환희를 형상화한 작품들 역시 시인의 중요한 화두이다. 생명성은 삶을 유지하는 근본으로 존재성을 지닌다. 그러므로 실존의 의미를 내포하고 있다.

삼월, 하고 입가에 올리면
벙긋하게 피어오르는 풍경
두릅나무 흔드는 연둣빛 바람이
벽진천에 일렁이면 아지랑이 번지는
함지박이 하나둘씩 모여든다
탁탁탁 방맹이 소리
깔깔깔 빨래 헹구는 소리
쫙쫙 싱그러운 봄볕을 끼얹는다
삼월이 버들개지 따라 기지개를 켜면
수런수런 번지는
상큼한 돌미나리 내음

달크무레한 젖 내음
배부른 아기 염소 발랄하게 언덕을 내달린다
모가지를 길게 빼던 물총새가
화들짝 날아오른다
겨드랑에서 날개가 꼼지락거린다

-「겨드랑에 피는 봄」 전문

사물이 지닌 고유한 특질을 감각화하여 구체화하는데 능란한 김성룡 시인의 시적 개성이 유감없이 드러난 작품이다. "삼월, 하고 입가에 올리면/ 벙긋하게 피어오르는 풍경"이 사물의 감각화를 잘 보여준다. 삼월이 되면 겨우내 움츠렸던 것들이 생기발양한 생명력을 갖게 되는 것을 감각화를 통해 더욱 강조하는 효과를 내고 있다. "두릅나무 흔드는 연둣빛 바람", "아지랑이", "방맹이 소리", "빨래 헹구는 소리", "수런수런 번지는/ 상큼한 돌미나리 내음", "아기 염소 발랄하게 언덕을 내달"리는 모습, "모가지 길게 빼던 물총새" 등 길지 않은 시 한편에 온통 생명의 기운을 느끼게 하는 시적 표현들이 가득하다. 생명성이 왕성한 삼월을 이처럼 활기차게 하는 것은 당연히 시인이 능란하게 구사하는 사물의 감각화에서 비롯된다. 이 작품의 대미를 이루는 마지막행에서 "겨드랑에서 날개가 꼼지락거린다"고 함으로써 '삼월'이라는 시간성이 갖는 생명성을 강조하는 효과를 거둔다.

다음의 「응시」는 불어난 여울물이라는 지난한 환경조건에서 생존을 위해 먹이활동을 하는 쇠백로를 통해 실존의 고단함을 살피고 있다.

쇠백로 한 마리 당돌하다
밤비에 불어난 여울물을 가르며
미끄러지는 물살을 노려보고 있다
그린 듯 캔버스를 황금분할로 비켜서서
벌써 삼 일째 아직 입맛을 다시지 못했다
거슬러 오르던 기름진 몸놀림의
은날치는 대체 어디로 간 것일까
멀대같은 다리,
부리가 무담시* 애꿎게 다가서는 날
햇살이 혀를 차며 물살을 뛰어오른다
기척에 놀라 허공을 차고 떠난 빈자리를
그의 눈길이 부리나케 좇고 있다

바람의 손길이 둔치를 쓰다듬다 지나는
풍영정천의 어느 갠 날 오후

－「응시」 전문

지상의 모든 생명체에게 생명을 유지하는 일은 실로 버거운 일이다. 생명이 잉태되는 시간부터 오랜 시간 진화를 통해 생명을 보존하기 위해 보다 용이한 방법으로 끊임없이 발전해왔다. 이 작품 속의 시적 대상인 쇠백로 또한 생명 활동을 위해 밤새 내린 비에 물이 불어난 여울물에 서서 물살을 노려보고 있다. 쇠백로는 사흘 동안 아무것도 먹지 못해 허기가 생존본능을 자극하는 상황이다. 거친 물살을 거슬러 올라가곤 했던 은날치들이 보이지 않는다. "멀대 같은 다리"가 고단한 삶을 이어가고자 하는 쇠백로의 현 상황을 암시하는데, 무심한 햇살만이 물살 위에 비추고 있다. "기척에 놀라 허공을 차고 떠난 빈자리를/ 그의 눈길이 부리나케 쫓고 있"을 뿐이다. 무심한 눈길로 비가 갠 오후의 풍영천 풍경이 아름답게 보일 수도 있지만 허기지고 고단한 쇠백로를 세심하게 응시하는 화자의 눈길은 생명의 본질을 묘파하고 있다. 여기에서 '응시'는 생존을 위해 세찬 물길을 바라보는 쇠백로와 이를 놓치지 않고 바라보는 화자의 눈길이 동시에 내포해 있으며, 응시는 그저 바라보는 것만을 말하지 않는다. 생존본능의 욕망과 이를 지켜보며 살아있는 모든 것들의 아픔을 생각했을 화자의 뜨거운 마음이 느껴진다.

이렇듯 생태학적 상상력을 통해 생명의 본질을 탐구하는 김성룡 시인의 시편들은 시인이 세계를 어떻게 바라보고 있는지를 잘 말해준다. 「무화의 계절」에서 대문곁에서 자라고 있는 덩굴장미를 "하수도 공사 뒤 아스팔트가 밑동을 덮"친다. 이런 상황이 되면 덩굴장미는 생존에 위협을 받게 된다. 그럼에도 "줄기 몇 개 솟구쳐" 올린다. 살고자 하는 끈질긴 본능이 마침내 가지를 우거지게 하기에 이른다. 「백악기 사랑법」에서는 몇천

만 년, 혹은 1억 년 전부터 온갖 시련에도 살아남은 은행나무의 생명성을 화자가 은행알을 깨며 사색하고 있다. 은행나무의 생명 보존 본능을 "오직 한 사람만을 바라기 한 생생한 전설"이라고 화자는 말한다. 「발아」에서는 냉장고라는 불모의 공간에서도 생명성을 잃지 않는 양파를 통해 생명의 경이와 경외심을 노래하고 있다. 「봄꽃 택배」는 겨울이 지나고 봄이 되어 피어나는 꽃들을 보며, 봄이라는 선물을 택배로 보내준 것이라고 노래하는 시인의 감각이 참신하고 아름답다.

4.

김성룡 시인의 시편들에서 빼놓을 수 없는 시적 경향은 전통과 역사성을 통해 견고한 정신성을 형상화한 것들이다. 오랜 세월 이어온 전통과 역사 속에는 그 집단만의 문화가 있기 마련이다. 우리 민족은 어느 민족에게도 뒤지지 않는 문화가 있다. 그것들이 오늘까지 이어져 어떤 형태로든지 우리 핏줄에 오롯하게 스며있는 것이다. 이것이야말로 우리의 정체성이며 '우리'라는 공동체를 존재하게 하는 힘으로 작용하고 있다. 이렇듯 전통과 역사성은 단순하게 과거의 '그것'으로만 머무는 것이 아니라 '오늘'을 있게 한 힘이며 '미래'로 가는 징검다리가 된다.

백두대간이 용솟음치는

태백산 신단수 아래 꽃보라 치던
어느 날 신시를 베풀 즈음이었지

쉬 잠들지 못해 목마른 동굴 속
쑥과 마늘 곱씹으며
어둠을 하얗게 사르는 동안에
덜컥, 시를 잉태하였겠지

밤하늘의 도란거리는 별들을 불러
헤아리는 것이 시라면
시 쓰는 일이란
그들을 씨줄 날줄로 엮는
천상열차분야지도와 같은 것

그러므로 그대여,
구만리 장천을 가르는 기러기같이
가슴에 잉걸불 지피어라
북향 재배하듯
앞서거니 뒤서거니
기럭기럭 길을 내면서
원시의 바이칼로 날자, 날아오르자

-「솟대가 북쪽을 향한 이유」 전문

이 작품은 우리 민족의 건국 신화를 전제로 시인의 정서를 드러내고 있다. '백두대간'이라는 시적 대상을 상징화하여 "태백산 신단수 아래 꽃보라 치던/ 어느 날 신시를 베풀 즈음" 곰이 동굴 속에서 "쑥과 마늘"을 먹고 여자로 태어나 환웅과 결혼하여 단군을 낳은 신화를 묘사하고 있다. 그런데 화자는 '단군'을 낳았다고 하지 않고 '시'를 낳았다고 한다. 우리 민족의 시조인 '단군'과 '시'를 병치함으로써 다의적인 해석의 여지를 만든 화자의 시적 전략으로 볼 수 있다. "밤하늘의 도란거리는 별들을 불러/ 헤아리는 것이 시"라는 비유를 통해 "시 쓰는 일이란/ 그들을 씨줄 날줄로 엮는/ 천상열차분야지도와 같은 것"과 같다고 함으로써 시작詩作의 신성함을 말하고자 함이다. 그리고 단군이 태어난 일이 성스러운 일이라는 것을 말하기 위함이다. 그러므로 이 대목은 일종의 메타시적인 성격을 지녔다고 할 수 있다. 지금은 남북이 갈라진 분단시대이므로 "그러므로 그대여,/ 구만리 장천을 가르는 기러기같이/ 가슴에 잉걸불을 지피어" "북향 재배하듯" "기럭기럭 길을 내면서/ 원시의 바이칼로 날자"고 한다. 여기에서 '북쪽'은 분단상황에서 남쪽에서 살고 있는 '그대'로 지칭되는 우리가 단군이 태어나고 처음 나라를 세운 태백산(백두산)으로 가자고 한다. 성스러운 민족의 시원지인 북쪽의 태백산을 향함으로써 우리의 뿌리를 잊지 말자는 의미로 읽힌다. 더불어 '북쪽'은 우리 민족이 태백산에 오기 전에 있었던 원고향인 '바이칼'로 이해된다. 역시 우리 뿌리이고 시원지인 '바이칼'을 기억하자는 의미이다. 그러나 시원지를 '태백산'이라고 하면서 또 다른 시원지인 '바이칼'을 떠올리는 것은 모순이다. '태백산'은 신화를 바탕으로 한 것이며, '바이칼'은 인류학적 해석이다. 이러한 모순에도 불구하고 '북쪽'으로 지칭된 '태백산'과 '바이칼'이 우리 민족의 성스러운 시원지임을 시적 상상력을 통해 가능하게 하고 있다.

「천년의 꿈」은 고대 역사를 배경으로 찬란한 문화를 꽃피웠던 남도의 역사성을 노래하고 있다.

휘황하게 흐르는 위엄이
굽이굽이 즈믄 해의 강을 휘돌아 왔다
금박허리띠, 금동신발을
벗어놓고 주인장은 어디 간 것일까
강바람 서늘한 뱃길 따라 산책하러 나갔을까
여기가 감히 어디라고!
말발굽 소리 우렁차게
서진과 남진을 노리는 도적 떼를 향하여
금동 장검 휘두르며 호령하고 있을까
이곳은 천혜의 땅 영산강 줄기
삼국의 야욕이 회오리치는 질펀한 들녘에
한 애틋한 사람을 위하여
금장식을 선물하는 로맨티스트
시름도 사랑도 이름도 내려놓고
옹관 침실에 들어 흙이 되고 길이 되고
다시 전설로 살아
새로운 천년의 꿈을 펼치는 당신
일찍이 황금시대를 개척한 마한의 영화가

붉은 노을처럼 피어나고 있다

-「천년의 꿈」 전문

작품의 부제인 '나주 신촌리 금동관'으로 보아 화자는 한반도 서남부 고대국가인 마한의 유물들을 모아놓은 전시관에서 '금박 허리띠', '금동신발', '옹관묘'를 바라보고 있다. 화자는 고대 유물들을 통해 천몇백 년 전 마한 사람들을 떠올리며 침략자들을 향해 "금동장검 휘두르며 호령하"던 모습을 본다. 기름진 땅 영산강가에서 모여 살며 사랑하는 사람에게 "금장식을 선물하는 로맨티스트"라는 생각도 한다. 나주 신촌리 금동관 전시장에서 오랜 시간의 간극을 초월해 현재의 시점에서 옛 사람들의 삶을 생각하는 시인의 상상력은 유물을 매개로 하여 남도의 정체성을 보여준다. 지금은 "옹관 침실에 들어 흙이 되고 길이 되"었지만 "다시 전설로 살아" 화자 앞에서 "새로운 천년의 꿈을 펼치"고 있다고 인식한다.

「직립의 나라」에서는 울진 금강송을 "오천 년 사직을 떠받드는 기둥", "한민족의 도량"으로 상징화하고 있다.

역사성을 노래한 시편으로 「구지봉아!」에서는 김수로왕의 탄생 설화를 바탕으로 신화시대처럼 정화된 몸으로 태어나고 싶은 욕망을 내비친다. 전주 한옥마을을 방문하고 쓴 「태조로 납시오」는 우리 고유의 건축양식인 한옥을 여인으로 의인화하여 한옥의 아름다움을 형상화

했다. 「범종의 귀환」에서는 성주사 옛터에서 세월의 무상함과 허무를 바라본다.

이밖에 우리의 역사는 아니지만 「링반데룽의 아침」, 「이타카 가는 길」, 「천일야화의 방」 등을 통해 옛 이국 사람들의 삶과 역사를 노래하기도 한다.

5.

앞에서 간단하게 살펴보았듯이 김성룡 시인의 시세계는 성찰과 깨달음을 전제로 존재의 실존에 대한 가치 모색, 생태학적 상상력을 통한 생명성에 대한 탐구, 역사성에 대한 모색이 주된 시적 세계로 나타나고 있다. 이러한 그의 시적 경향은 오랜 시간 축적된 시인의 세계관에서 발화된 것으로 인간 김성룡이 지닌 총체성을 드러낸 것으로 볼 수 있다. 그가 지향하는 세계를 통해 어떻게 살아야하고, 환경 위기로 치닫는 시대에 인간의 가치를 물화시키고 있는 현실을 어떻게 바라보아야 하는지에 대하여 설득력 있는 언어로 메시지를 던지고 있다. 더불어 우리 민족의 시원과 남도의 향토성 등 역사를 이해하는 관점을 갖게 한다.

이밖에 그의 시편에는 소소한 일상의 삶에서 만나는 정서적 사건 등을 유감없이 발화하는 시적 상상력으로 다양한 정서의 아우라와 사색을 읽게 한다.

한편 김성룡 시인의 시적 언어는 사물을 꿰뚫는 예리하고 섬세하면서도 탄탄한 시적 형식의 구성으로 탁월

한 비유가 작품을 견고하게 하는 마력을 가진다. '형식이 내용을 만든다'는 말처럼 적절한 언어 구사와 비유의 힘이 자신만의 정서와 시적 메시지를 만들어낸다고 할 수 있다.